Dominique Trambouze

Comment
vous dire...

Dom...

Comment vous dire...
Toutes ces délivrances paradoxales peuvent prêter à confusion mais elles sont bien réelles, elles existent. Je m'en libère en les partageant égoïstement et j'avoue que toute ressemblance avec des personnes de la vraie Vie n'est pas forcément une fausse ressemblance mais plutôt ma plus belle source d'inspiration. Alors **MERCI** aux personnes qui se reconnaîtront et à celles qui ne se reconnaîtront pas, car, directement ou indirectement, elles m'ont permis d'écrire toutes ces choses que je n'ai pas su dire.

Merci à mes Amours Merci à mes Ennemi(e)s
Merci à mes Emmerdes Merci à mes Ami(e)s
Merci aux Trahisons Merci à mes Familles
Merci à nos Mensonges et Merci à la Vie...

Finalement, mes mots ne sont que les outils de mes sentiments et, malgré l'imposante dictature des apparences qui règne de nos jours, je n'ai **JAMAIS** triché avec mes sentiments...

Image de couverture: Lina RIDA
Acrylique sur toile, 80x100cm

FSC
www.fsc.org
MIXTE
Papier issu
de sources
responsables
Paper from
responsible sources
FSC® C105338

Edition : BoD - Books on Demand
12/14 rond-point des Champs Elysées, 75008 Paris
Imprimé par Books on Demand GmbH, Norderstedt, Allemagne
ISBN : 9782810619849
Dépôt légal : Février 2016

Ma signature

Quand l'allumette fait déborder mon vase
Quand la goutte d'eau met le feu et m'embrase
Quand je suis fier d'avoir en moins une case
Quand l'ironie me renforce à la base
Quand mes envies sont barbelées de haine
Quand mon miroir reflète ma face obscène
Quand m'amuser amplifie mes migraines
Quand je conçois que l'horreur est humaine
Quand je dépasse les bornes de mes limites
Quand mes éclipses sous la Lune cohabitent
Quand mon futur est serment d'hypocrite
Quand ma mémoire dans ses trous a des fuites
Quand ma morale n'est autre que sélective
Quand mes paroles ne sont plus préventives
Quand tout plaquer est une alternative
Quand mon courage est celui d'une endive
Quand le passé sur moi n'a plus d'effet
Quand le silence est mon unique allié
Quand plus personne ne peut vraiment m'aider
Quand même l'Amour ne me fait plus rêver

Moi je libère mes mots
J'en fais des épluchures
Les expulse du stylo
Comme on vide ses ordures

Je les libère sans son
J'en fais des confitures
Comme on saigne un cochon
Ils sont ma signature...

05/01/2013

Le creux de la vague

Un moment sombre où la réalité fait place à l'illusion
Les certitudes s'évaporent et les doutes ressurgissent
Les morceaux de bonheur remplacés par la confusion
Des pensées diffuses et le déséquilibre s'immisce

On aimerait maîtriser ces passages bordés de faiblesse
Où la lucidité se voile devant les sentiments qui débordent
Difficile de trouver le compromis qui pousse à la sagesse
Impossible d'oublier qu'on fabrique chaque jour notre corde

Il faut alors s'accrocher aux ultimes brindilles
Que nous offre l'espoir pour rejoindre la surface
En chassant de la main les ombres mortes qui vacillent
Sous le poids des souvenirs qui jamais ne s'effacent

Le corps torturé de contraintes côtoie un peu plus le vide
Tandis que l'instinct primaire nous rattache à la Vie
On remonte la pente et chaque chose reprend ses rides
Le passé disparaît le présent s'ignore et le futur s'oublie

Le quotidien reprend place achevant les illusions
Le cerveau nourrit des rêves auxquels lui seul croit encore
Attendant la prochaine vague qui perpétue la mutation
Qui peut-être nous tuera ou nous rendra plus fort...

07/08/2013

Sur mon seuil

Le jour tarde à venir mon âme comme une antienne
Récite sa litanie à mon cœur vide et nu
Mes insomnies qui jouent toujours la même rengaine
Agonisent au plafond d'un clin d'œil suspendues

Les draps sont mon linceul la chambre est mon tombeau
Mornes plaines fatiguées mes aubes suintent froides
Dans ce jour qui s'éclaire comme on ouvre un caveau
Je m'échappe de ma grotte par l'escalier trop roide

Je vais le dos voûté par mon esprit fébrile
Les rides de mon cœur rigidifient mon pouls
Ma respiration freine sous mes pas malhabiles
J'ai l'angoisse d'une journée à ne vivre que de flou

Et le Soleil qui brille comme une mauvaise plaie
Me met paupières en berne et sourires impossibles
Alors perlent mes yeux brunis du bleu fané
D'un chagrin qui ricane si fort qu'il est audible

Je retourne dans mon lit qui fait guise de cercueil
Attendre qu'on me transporte vers de plus belles aurores
Où une âme sensible serait là sur mon seuil
Pour goûter le calice de mon cœur empli d'or...

16/05/2013

La suite

Alors j'enfourche ma planche
Pour mieux surfer la suite
Avant que tout ça flanche
Avant que vienne la fuite

Pour mieux surfer la suite
J'évacue le trop plein
Avant que vienne la fuite
Je libère mes deux mains

J'évacue le trop plein
Et du gouffre les regrets
Je libère mes deux mains
Pour délirer en vrai

Et du gouffre les regrets
Avant que tout ça flanche
Pour délirer en vrai
Alors j'enfourche ma planche...

24/05/2013

La route du bonheur

Ton regard mon Amour ton regard est Eden
Grâce à lui je retrouve la route du bonheur
Dans ce monde cruel mon âme devient la tienne
Avec toi même la Mort non ne me fait plus peur

Les hommes se déchirent et déclarent des guerres
Plein de haine et de rage ils ne sont que cyniques
Ils transforment la Terre en de noires misères
Et propagent les ténèbres tel un choc électrique

C'est ton être qui me porte dans un nouvel espace
Tes sourires sont des flots qui font revivre mon cœur
Annonçant que toujours la joie aura sa place
Malgré l'air qui se froisse l'Amour sera vainqueur

Dans tes bras je regarde les autres plein de rancœur
Accablés par la peine ils en oublient l'Amour
Esseulés malheureux pauvres cons destructeurs
Au milieu des décombres la Mort attend leur tour

Et moi j'étais comme eux il y a dix jours à peine
Ouais j'avais pauvre Con les Amours chrysanthèmes
Tu m'as ressuscité en moins de trois dixième
L'Amour a ses raisons et moi j'aime les tiennes...

15/08/2013

Pour éclore

Je connais les tourments du véritable Amour
Qui brûlent l'être au profond comme le Soleil les champs
Qui laisse un goût acide à l'aube d'un nouveau jour
Et des traces de regrets qui pourrissent les printemps

Les meurtriers Amours transformés en maux seuls
À en noircir des pages immaculées de sang
À faire pleurer en rimes au parfum de linceul
Des mots que l'on marie si mal unis pourtant

Aux pénombres de ma Vie toi tu te fais lumière
Inaccessible je pense mais mon cœur te désire
Tu rallumes les espoirs auxquels j'ai fait la guerre
Et je suis convaincu des promesses d'avenir

Je veux goûter ta bouche je veux sentir tes lèvres
Déposer sur les miennes le goût de l'éternel
Ressentir les plaisirs de nos corps qui s'enfièvrent
Que l'Amour alimente chaque jour de plus belle

J'occuperai l'espace que prodigueront tes bras
Prendrai douces caresses que m'offriront tes mains
Argent ou or qu'importe pas besoin ici-bas
Tes tendres attentions suffisent à mes demains

Mon Amour je ne veux ni château ni royaume
Je veux juste être moi au pays de ton corps
Et couronner ton cœur aux délicieux arômes
Sur le trône de l'Amour nous unir pour éclore...

24/08/2013

Inspiracœur

J'en ferai des détours j'en croiserai des yeux
Des bleus des gris velours aussi des amoureux
Mais ils n'auront jamais le charisme et le charme
Que les tiens font briller en rallumant ma flamme

Et si parfois j'ai peur c'est d'aimer à l'envers
Car avec toi mes heures en perdent tous leurs repères
Tu resteras c'est sûr ancrée en profondeur
Gravée sur tous mes murs tatouée dans mon cœur
Sache que mes alentours ont pris le goût de toi
Car même dans mes discours on peut entendre ta voix
Tes parfums et ton corps me sont indispensables
Autant que tes sourires et tes mains dan mon sable
Et quand ton Paradis se retrouve à mille lieux
Je peux t'aimer d'ici je peux t'aimer pour deux
Je peux vivre en ton sein en poète amoureux
De près ou bien de loin au printemps de tes yeux
Je voudrais tout te dire laisser parler mon cœur
Mes rêves et mes délires et mes films intérieurs
Et j'ai tant à t'offrir dans mes bras cajoleurs
Tant de petits plaisirs par vagues de bonheur
Et pourquoi ne pas faire de toi et moi un Nous
Se construire un repaire sur nos rêves les plus fous
Je viendrai aux réveils sans le moindre virus
Te souffler à l'oreille « Je t'aime toujours plus »

J'en ferai des détours j'en croiserai des yeux
Des tendres et des velours des remplis de Ciel bleu
Mais aucun en retour n'aura la même chaleur
Que les tiens mon Amour toi mon Inspiracœur...

31/08/2013

Aucuns des mots

Il me manque des mots pour exprimer vraiment
Tout ce que tu m'inspires tout ce que je ressens
Bonheur de chaque jour pensées de chaque instant
Qui me font chaud au cœur et t'aimer au présent

Il y a bien c'est sûr « Mon Amour je t'adore »
Mais c'est insuffisant il me faudrait plus fort
« Tu me manques trop mon cœur » un peu trop faible encore
Non ce qu'il me faudrait ce sont les lettres d'or

D'un nouveau dictionnaire rempli de doux accords
Qui viennent de mon âme et que les autres ignorent
Et te les dire encore du matin à l'aurore
Pour transformer tes jours en Vie multicolore

Je voudrais t'inventer des « Je t'aime » différents
Te montrer que mon cœur déborde de sentiments
De sensations si fortes de frissons si puissants
Qu'aucuns des mots connus ne peut en dire autant...

24/08/2013

Perpétuité

J'ai essayé d'écrire des mots gais et du cœur
Aux bouées de la Mer je me suis accroché
Égaré dans le vague à l'âme tout en douleur
Qui me renvoie au port où j'échoue mes regrets

Je traverse mes dunes au plus profond du moi
La brume s'approche humide inondant mon visage
J'ai beau chercher dedans il n'y a plus de joie
Comment puis-je faire semblant je n'ai plus de courage

Mais t'ai-je trop fréquenté ô pénible tristesse
Sœur de mon pauvre cœur fleur pourrie sans pétales
Comme un poignard planté au fond de ma détresse
Je te hais comme tu m'aimes et nos armes sont égales

Déchaussé de ma Vie je suis bout de néant
Je n'ai plus de moi-même mais j'avance pour toujours
Noir vêtu sans parfum je suis un coup de vent
Qui balaye au trottoir ses feuilles meurtries d'Amour

Naufragé de l'amer intrinsèque je suis Père
Et je suis sûr pourtant de toujours vous aimer
Petites Puces qui grandissent liens du sang en repère
Je suis votre Daron ouais à perpétuité...

13/06/2013

En vers et contre tous

Et oui je tousse et je retrousse
Je me répète et vous embête
Je pousse aux limites et repousse
Mes dons innés d'analpha-bête

Car parfois la subtilité
Me rend con et même con-testé
Alors à la réalité
Ouais je préfère l'absurdité

Je sais mon cerveau a buggué
J'en avais perçu les prémices
Lorsque je me suis échoué
Atterrissant en cicatrice

Depuis je ne parle qu'un seul vers
Celui qui tâche et éclabousse
Alors raillez-moi les pervers
Les maîtres de la rime en "ousse "

Pour vous montrer mon non-talent
Je fais des rimes en vers-micides
Avec en prime quelques relents
Aux doux extraits d'hémorroïdes

Je ne suis qu'un artiste de paille
Qui prend feu sous les réverbères
Malgré mes chemins qui déraillent
Épargnez-moi les canadairs

Je pousse aux limites et repousse
Je n'y peux rien et c'est marrant
Je vais en vers et contre tous
Vous prouver que c'est surkiffant...

20/10/2015

N'importe quoi

Venez prenez ma suite aphone de n'être que moi
Venez je vous invite dans mon n'importe quoi
La porte est grande ou verte entrez par la fenêtre
Entre deux découvertes regardez la faune naître
Il y a deux ours sains
Des oursins dans les poches
L'un vent Terre à dessein
L'autre ment et empoche
Un hérisson ramone
Le corps beau sans fromage
D'un renard qui chantonne
Le rap d'un afro mage
Un mouton se dessine
Avec vipère au poing
Un cobaye s'assassine
À l'usage du dauphin
Un faucon devient vrai
Truquant de l'oie le jeu
Une colombe lâche un pet
Sur la raie du milieu
Deux guépards se marient
Sous les yeux médusés
D'une mite aux manies
D'un blaireau épilé
Un requin est marteau
D'un pingouin sans cravate
Les hyènes veulent les chats faux
Le coq et l'âne s'en battent
Merci pour la visite de mon n'importe quoi
Avant de prendre la fuite la faune se joint à moi
La porte est grande ouverte ma voix par la fenêtre
Aphonie recouverte vous reviendrez peut-être...

25/04/2013

Rimouze

Après quelques binouzes
À l'aube de deux mille douze
Mon cœur s'habille de blues
Et vous lâche cette perlouze...

«À toi vieille andalouse
Toi qui sent comme la bouze
À toi blonde de Mulhouse
Toi qui gît sous ta blouse
À toi rousse de Toulouse
Toi qui win toi qui louze
À toi qui pense qu'au flouze
Toi qui ruse comme une siouze
À toi fan de Debbouze
Toi qui broute des pelouses
À toi et tes bagouzes
Toi qui devient ventouse
À toi qui m'éclabouze
Toi qui vit de piquouzes
À toi qui tout jalouse
Désolé je m'echkouze...»

Je n'ai plus de binouzes
Raide comme une clef de douze
Par mes mots qui partouzent
Je vous dédie Rimouze...

28/10/2011

Le Corbeau et le Renard 2011

Maître Corbeau, au volant excité,
Venait de finir le rodage.
Maître Renard, en gendarme dévoué,
Le fit s'arrêter au péage:
« Hé! Bonjour, Monsieur du Corbeau.
Que votre voiture brille! Une vraie bombe ce turbo!
Sans mentir si son démarrage
Ressemble à ceux des mirages,
Vous êtes alors forcé cher hôte d'emmener moi. »
À ces mots le Corbeau se conforme à la loi;
Pour lui montrer comme elle envoie,
Il l'emmène en virée, fait flasher trois fois.
Le Renard lui sourit, et dit: « Mon bon Monsieur,
Sachez que tout conducteur
Vit aux dépens du bon code de la route:
Cette leçon vaut bien un permis, sans doute .»
Le Corbeau, à pieds et ému,
Jura, maudits radars, qu'il ne conduirait plus.

17/11/2011

Le Corbeau et le Renard 2011 (suite)

Maître Corbeau, son permis retiré,
Roulait en scooter vers la plage.
Maître Renard, en bord de route posté,
Surgît devant lui en barrage:
«Hé! Bonjour, Monsieur du Corbeau.
Que vous êtes déconfit! Que vous me semblez chaud!
Sans mentir si votre langage
Se rapporte à l'odeur qu'il dégage,
Vous êtes alors forcé cher hôte de souffler là pour moi. »
À ces mots le Corbeau se conforme à la loi;
Pour lui montrer sa bonne foi,
Il souffle mais le ballon, indique deux grammes trente-trois.
Le Renard lui sourit, et dit: « Mon bon Monsieur,
Sachez que tout bon buveur
N'a pas le droit de le faire sur la route:
Cette leçon vaut un dégrisement, sans doute. »
Le Corbeau, gris et abattu,
Jura, en titubant, qu'on ne le prendrait plus.

23/11/2011

Douce passion

Il est une douce passion
Que j'aime à partager
Comme un fruit de saison
Sur mes lèvres mouillées

Gourmande de bonheur
Elle m'abreuve d'Amour
Comme un amant joueur
De notes de velours

Non rien de superflu
Mon orgueil est humain
Comme un diamant tout nu
Qui souffle avec entrain

Cette passion j'en suis fou
À en perdre la tête
Le rouge me monte aux joues
Quand j'embrasse ma trompette...

04/01/2013

Marie-Jeanne

Bien plus qu'un animal tu m'es toujours fidèle
Même quand je suis paumé tu m'entraînes vers le Ciel
Et vers ces Paradis qu'ils disent artificiels
Mais qui je le confirme sont parfois bien réels

Quand je plonge vers le bas tu arrives à grands pas
Alors je colle les feuilles et je roule sous mes doigts
Toutes les miettes que j'effrite mélangées au tabac
Pour en faire par magie un cône fumant et droit

Tu envahis mon corps et fais tourner ma tête
Bien sûr que je l'adore ton amour en boulettes
Quand tu le distribues en pétards en soufflettes
Il transforme mes cauchemars en de longues nuits de fête

Je t'aime ma douce folie sans dépendre de toi
Car je peux pour survivre me passer de ta joie
Mais j'ai besoin de toi encore pour quelques mois
Ensuite si je le veux je reviendrai à moi

Hé Marie-Jeanne fais-moi danser
Fais-moi tourner pour m'évader
Hé Marie-Jeanne fais-moi rêver
Avec toi je sais où je vais

Hé Marie-Jeanne je suis lucide
Je sais que j'ai pris quelques rides
Mais Marie-Jeanne je suis confiant
Car avec toi j'oublie le temps...

15/10/2001

Les huîtres

Pour vous simples d'esprit
Je dédie cet épître
Comme un coup de fusil
Pour vous aux Q.I. d'huître

Pour vous fachos de France
Je compose ces chapitres
Pour votre intelligence
Stérile comme coquille d'huître

Pour vous que j'abomine
Je me mets au pupitre
Pour vous et la Marine
Gluante comme une vieille huître

Pour vous et vos amis
Que je vomis par litres
Pour lui qui s'arque aussi
Roi au royaume des huîtres

Je vous mange tout cru
Arrosées de citron
Et demain de mon cul
Vous sortirez étrons...

10/11/2011

Un seul zeste

Ce matin je pointe encore à l'usine
En me disant que c'est mieux qu'à la vigne
Habillé de bleu réglant mes machines
Je viens d'apprendre les nouvelles assassines

Alain à l'intelligence mécanique: Viré!
Laurence l'or en ses mains trop rebelle: Virée!
Régis régie sous tutelle ses deux sœurs: Viré!
Manu manutentionnaire divorcé: Viré!

Contremaître maître des cons disponibles
Statut social au centre de ta cible
Larbin du patronat rien d'impossible
Ascenseur asocial censeur sasse au crible

Main de savoir fer dans un gant sans retour
Velours s'enferre inélégant toujours
L'argent dore et abhorre les alentours
Production en cadence leur seul zeste d'amour...

15/08/2013

Les avions se crashent pour mourir

Voici la belle saison où les rêves redécollent
On entend les échos d'assourdissants envols
Ils charrient les âmes prêtes à se faire dorloter
Aux quatre coins du globe sans jamais s'arrêter

Les esprits sont déjà aux pays où s'amènent
De nouvelles illusions bercées de kérosène
D'infinies fumées blanches sillonnent le bleu du Ciel
D'empreintes éphémères qui tutoient le Soleil

Le trafic s'amplifie alors de jour en jour
D'un flux incontrôlé aux abords de leurs tours
Les fourmis s'agglutinent dans les aéroports
Les valises toujours pleines en quête de trésor

Les oiseaux sont usés par leurs contrefaçons
Qui partent pour revenir chacun à sa façon
Quand d'autres s'envoleront sans jamais atterrir
Se crashant n'importe où sans personne avertir

Tous ces cercueils volants qui tombent dans la spirale
Des bénéfices latents des cadences infernales
Sont victimes soi-disant de la loi des séries
Régie évidemment par leurs lois du profit...

15/08/2013

Il faut laver

Il faut laver l'affront
Cirer sol et plafond
Nettoyer en amont
Souvenirs inféconds
Il faut laver le front
Abattre les cloisons
Retenir la leçon
De la farce le dindon
Il faut laver profond
De la cave au balcon
Frotter jusqu'aux tréfonds
De mon cœur en haillons
Il faut laver le pont
La cale et la prison
Envolé le pigeon
Retour à la maison
Il faut laver c'est con
Et mettre dans des cartons
Les promis les pardons
Déchets nauséabonds
Il faut laver en long
Du grenier au salon
Et passer au savon
Le démon en jupon
Il faut laver le fond
De l'âme aux cheveux blonds
Décrasser les soupçons
Faire le caméléon
J'ai lavé ma raison
Purifié c'est selon
Pour m'aider comme cochon
Venez ensemble prions
Il faut l'Ave Maria...

23/11/2011

Un pas

Il n'y a qu'un pas de la folie au Génie...

Un passage un pas lié
Un patron un pas teint
Un pas sage un palier
Un pas tronc un patin

Un panier un pas Terre
Un pacage un pas sang
Un pas nié un pater
Un pas cage un passant

Un parent un pas lent
Un palace un pas no
Un pas rang un palan
Un pas las un panneau

Un pari un pas cible
Impatience un pas vide
Un pas rit impassible
Un pas science impavide

Un palais un pas toit
Un pactole un pas pas
Un pas laid un pas toi
Impact tôle un Papa...

Il n'y a qu'un pas du génie à la Folie...

15/11/2011

Vivre

Produire sortir
Gémir souffrir
Grandir bâtir
Bannir souffrir

Chérir jouir
Subir souffrir
Venir salir
Haïr souffrir

Construire unir
S'enfuir souffrir
Prédire choisir
Trahir souffrir

Agir rougir
Mentir souffrir
Blottir pâlir
Vieillir souffrir

Séduire blêmir
Punir souffrir
Maigrir maudire
Vomir souffrir

Sourire médire
Mourir souffrir
Souffrir guérir
Écrire relire...

13/11/2011

À ta guise

Chacun voit son destin qui arpente des hauts et des bas
Débats stériles des idéaux en idées basses et basta
Hasta luego les angoisses en ces jours on vit d'ébats
Des bas qui battent la chamade pour un cœur qui se débat

Je parcours cette cours des grands comme un enfant
Fendant l'air de rien un air débonnaire sifflotant
Flottant dans le désert disert tout près d'indigents
Gens d'armes si près des cyprès trop omniprésents

Ni juge ni parti tant de fois l'injustice je constate
Tâtant ma foi sans nom d'un simple sens je relate
L'athée les visions agnostiques et la part d'astate
Attendre chaque jour que le cœur des humains s'épate

Les religions sont légions mais jamais ne répondent
Pondent des guerres répandent sans pudeur l'immonde
Monde incertain Mère nature devient inféconde
On devrait tous encore rêver d'un autre monde

Quand les prières ne sont plus que soumises
Misère sans grappin du gratin en main mise
Mises au coin par défaut et politicards nous épuisent
Puise encore l'énergie puis fais-en à ta guise...

27/07/2013

La fosse aux traîtres

Un matin le Ciel saignera
Et le sol beaucoup plus encore
Jonché de traîtres et de rats
Alors réunis dans la Mort

Parce qu'il n'y a pas pire infamie
Que certaines paroles certains actes
La vengeance sera mon ami
Comme un pari j'en fais le pacte

« À qui assassine la confiance
À qui prostitue l'amitié
Les liens du cœur à la potence
Les meilleurs amis fusillés

À qui se fout de la bonté
Fait fi de la reconnaissance
Poignarde et piétine le respect
Pour s'adonner à l'arrogance

À tous ceux à qui tout profite
Passés maîtres en hypocrisie
Et à ceux qui de tout profite
Spécialisés en perfidie

À ceux qui jugent vos moindres gestes
Qui étaient des vôtres hier encore
Mais qui savent retourner leur veste
Quand on leur parle d'argent ou d'or

À ceux pour qui vous n'êtes rien
Mais qui vous persuadent du contraire
Parce que les balances penchent si bien
Sous les louanges de leurs chimères

À tous ces gens et à bien d'autres
Que l'honneur m'empêche de nommer
Ce jour sanglant sera le nôtre
Nous serons donc réconciliés...»

Je maudirai comme il se doit
Vos charognes qui fumeront encore
Je cracherai une dernière fois
Sur vos paillasses servant de corps

Et chaque année je fêterai
Ce jour heureux à tous jamais
En allant simplement pisser
Sur la fosse où vous pourrirez...

31/08/2001

Le caméléon

Je suis parfait caméléon
Nul ne peut voir ne peut savoir
Ce que je pense vraiment au fond
Ce que je veux ou non bien croire

Je suis parfait caméléon
Pour rire quand je devrais pleurer
Je sais aussi être très Con
Et invisible sans me forcer

Je suis parfait caméléon
Je me fonds même dans le silence
Mes cris d'angoisse sortent sans son
Ma présence se change en absence

Je suis caméléon le jour
Mais le suis encore plus la nuit
Dans l'obscurité qui m'entoure
Je suis toutes ces ombrent qui me fuient

Je suis parfait caméléon
Seul mon regard peut me trahir
Reflets de mes vraies émotions
Mes yeux ne savent pas mentir...

16/08/2001

Ses raisons

J'aime pas les hôpitaux ces asiles de souffrance
Où les vieux oubliés se transforment en organes
Sous les regards rieurs et plein d'indifférence
Des internes qui s'en tapent comme d'une peau de banane

Dans leur chambre hygiénique aux allures de sordide
On distingue violemment le néant qui les guette
Surtout quand chaque matin ils se redressent livides
Et réclament en geignant une dernière cigarette

On vit dans l'abandon
Et sans reconnaissance
Chacun dans sa prison
Dans son monde de silence

Les vieux savent pleurer avec un bruit minime
Ils n'ont plus de pensées et ils oublient les gestes
Ils ne rient plus beaucoup et tout ce qu'il leur reste
Juste pour quelques mois avant la phase ultime

Ce ne sont que paroles presque toujours les mêmes
« Merci je n'ai plus faim...Mon fils viendra dimanche...
J'ai mal aux intestins...Mon fils viendra quand même...»
Mais le fils ne vient pas sur eux l'horreur se penche

Une maison de retraite
À l'ombre des saisons
La Mort sera parfaite
Le fils a ses raisons...

13/12/2015

Esprits comprimés

Égaré dans ce monde sans ressentir ses ondes
Ondoyer sur ce bitume cet air de rien je hume
Humanité d'inanités en portables et micro-ondes
On doit se satisfaire de cet air qu'ils nous enfument

Esclave en un enclave où beaucoup trop en bavent
Avenir incertain sur cette Terre que l'on dépèce
Espoirs pestiférés et enferrés si l'État s'en lave
L'avent c'était avant pour cette sordide espèce

Baleines pour bas de laine jusqu'à en perdre haleine
Haine à tuer tout animal qui n'a fait aucun mal
Malin reste le requin et ses conquêtes vaines
Veines vénéneuses et venimeuses l'instinct bestial

L'intelligence en diligence indiens en massacre
Sacrifices j'entraperçois l'impair des bénéfices
Fils de rien sur des vils trônes où tout se sacre
Âcre dégoût si se lissent les lices sans délices

Ancré dans ce bocal j'halète ce qui est laid
Laitance en latence des esprits comprimés
Immersion consumée d'un être qu'on sommait
Mais sans omettre au fond qu'il reste un Con primé...

07/08/2013

À trop vouloir

À trop vouloir veiller on fini par dormir
À trop vouloir laver on fini par salir
À trop vouloir briller on fini par pâlir
À trop vouloir rester on fini par partir
À trop vouloir tenir on fini par faiblir
À trop vouloir mûrir on fini par pourrir
À trop vouloir agir on fini par subir
À trop vouloir sourire on fini par s'aigrir
À trop vouloir attendre on fini par croupir
À trop vouloir s'étendre on fini par fléchir
À trop vouloir prétendre on fini par médire
À trop vouloir comprendre on fini par frémir
À trop vouloir entrer on fini par sortir
À trop vouloir marcher on fini par courir
À trop vouloir manger on fini par maigrir
À trop vouloir aimer on fini par haïr
À trop vouloir se vendre on fini par faillir
À trop vouloir apprendre on fini par maudire
À trop vouloir s'entendre on fini par mentir
À trop vouloir s'éprendre on fini par trahir
À trop vouloir choisir on fini par bannir
À trop vouloir s'unir on fini par souffrir
À trop vouloir guérir on fini par mourir
À trop vouloir écrire on fini par relire

À trop vouloir en faire
On finira aux fers
Ou peut-être en Enfer
Puisque rien n'est offert...

10/10/2012

Un jour

Comme l'eau à la Mer
Et le sable au désert
Un jour parmi mes jours
S'est distrait de mes jours

Tout comme le bruit des clefs
Et la pluie en été
Mes jours sont agressifs
Et deviennent laxatifs

Mais je veux ignorer
Tant que je suis en vie
Le jour qui est passé
Et celui qui s'enfuit

Je ne supporte plus
Cette survie simulée
Même le silence me tue
Et m'empêche de rêver

La Vie se fait obscure
La Mort est un Soleil
Seul entre ces murs
Que la Lumière est belle...

30/08/2002

Couronnement

Pourquoi combattre ô Vie pour ranimer mon cœur
Pour redonner une âme à mon être qui meurt
D'une brise éternelle qui a soufflé le feu
Mais qui s'éteint pourtant sans un dernier adieu

Pour une promesse au temps qui sonne les heures brèves
Pour m'affliger des jours aux nuits brisées de rêves
Tels des astres brillants qui désertent le Ciel
Face au nuage épais qui recompose mon fiel

Laisse-moi mes ténèbres et mes pénibles errances
Je ne fais pas partie des gens sans impatience
Mes mélodies sont sourdent mes Enfers je les danse
Sur la place des maux déraisonne ma sentence

Amour de trop d'Amour je te crains je te fuis
Au brûlant de mon cœur il ne reste que le suie
Pourquoi ne gèle-t-il pas malgré les froids d'été
Glace-moi condamné que je puisse m'évader

Ainsi je te couronne comme l'autre sur sa croix
Les épines sont si rudes désespoirs des fausses joies
Cruel je t'interdis de rebattre par prudence
Pour délivrer la Mort de mon âme sans cadence...

22/07/2013

Aujourd'hui

J'ai si souvent de toi
Parlé par le passé
Je t'ai écrit parfois
Juste pour te provoquer
Comme un marin résiste
À la violence des flots
Au naufrage arriviste
Aux trous de son radeau
J'ai senti tant de fois
Ton souffle me frôler
J'ai entendu ta voix
Sans même être apeuré
Comme un équilibriste
Qui jongle avec les mots
Sur un fil fataliste
À un pas du grand saut
J'ai cru même quelquefois
T'avoir apprivoisé
À ton sourire narquois
Je me suis adapté
Comme un esclave résiste
Au pieds de l'échafaud
Se prend pour l'exorciste
Et s'oppose à la Faux
Aujourd'hui tu m'attends
Vieille Faucheuse invincible
De ton sort je dépends
Tu es incorruptible
Aujourd'hui je t'attends
Supplice irrémissible
Tu veux pourrir mon sang
Tu t'es trompée de cible...

11/06/2011

Morceaux de Vie

Morceaux de Vie j'en reste sans voix
Mais pas de quoi faire la ola
Morceaux de Vie sans foi ni loi
Pour libérer tous mes tracas

Morceaux de Vie du bout des doigts
Écrire sur soi c'est délicat
Morceaux de Vie du chaud au froid
En passant par tous les états

Morceaux de Vie comme il se doit
Fait rimer espoirs et dégâts
Morceaux de Vie bien malgré moi
De mon parcours fait le constat

Morceaux de Vie c'est maladroit
Ça me ressemble de haut en bas
Morceaux de Vie ça va de soi
Est la seule trace qui restera

Morceaux de Vie quoi qu'il en soit
Sans toi il n'existerait pas
Morceaux de Vie je te le dois
Alors merci aussi pour ça...

14/08/2012

Quand d'autres

Tout comme je t'ai créé
Accouché en douleur
Je peux te suicider
T'avorter avant l'heure

Je t'ai donné naissance
Ouais je me suis fait mal
J'ai souffert en silence
Seul sans péridurale

Mais je t'ai désiré
Peut-être inconsciemment
À trop t'imaginer
Te voilà mon enfant

Et je vais te guider
Reflet de mes visions
Je vais te partager
Messager de mon nom

Quand d'autres te liront
De ma voix tu seras
Quand d'autres te liront
L'écho qui restera

Quand d'autres te liront
Tu leurs appartiendras
Quand d'autres te liront
Tu me délivreras...

11/11/2011

Le miroir

Reflets sans âmes images de simplissimes visages
J'envisage votre couture sous nulle autre mouture
Vice-versa droite et gauche un crochet sans âge
Vous me mirez bien haut d'une chaire monture

S'éteint l'étain déteint de face qui vous atteint
Satin qui se glace au contact de froides mains
Vous ne percevez qu'inversion d'hémisphères
Moi j'y vois sans trouble ce qui m'indiffère

Énergie du désespoir je n'attends rien de vous
Devant votre ego ma triste Vie n'a pas sa place
Toujours ces projections ne m'inspirent que dégoût
M'abandonnant dans le noir de vos interfaces

Je ne suis que misérable miroir de vos pensées
Absorbant de vos yeux l'inverse des beautés
Alors je pars prestement et me brise avec heurts
Vous laissant digérer vos sept ans de malheurs...

07/08/2013

Perte de temps

J'ai perdu beaucoup trop de temps
À traverser ma Vie en pleurs
Pour des honneurs ou pour l'argent
Comme si ça faisait le bonheur

J'ai perdu beaucoup trop de temps
À poursuivre des rêves de chimère
De la poudre pour mes yeux d'enfant
Pour mon cœur d'homme de la poussière

J'ai perdu beaucoup trop de temps
Et trop d'amis dans la bataille
Pour que la gloire dure un instant
Je n'ai jamais été de taille

J'ai perdu beaucoup trop de temps
Il n'est pas trop tard pour changer
Car j'ai toujours mes yeux d'enfant
Et dans mon cœur rien n'est figé...

13/02/2009

À l'ouest

J'ai traversé la France en une folle diagonale
Pour découvrir surpris une contrée magistrale
Un Océan de vignes un château médiéval
Des paysages de rêve pour mes yeux un régal

Et juste un peu plus loin un stupéfiant bassin
Où émerge en son sein une île de sable fin
Baptisée à dessein comme on fait d'un bon vin
Du nom des pèlerins libres de va et viens

Et dominant le phare comme gardienne du destin
Issue des vents divins et des courants marins
La Reine de Pilat s'érige troublant dessin
Entre vert tendre des pins et mouvant banc d'Arguin

J'ai succombé au charme de ce décor génial
Des vagues qui sur le sable se déroulent en spirales
Au rythme éolien balayant par rafales
Le gris du quotidien et le malheur fatal

Mon désir le plus cher est que cette belle escale
Insuffle sur ma Vie sur mon climat glacial
La douceur éternelle et la passion totale
Comme récompense finale à toutes mes quêtes du Graal...

26/04/2008

Cette nuit

Cette nuit j'ai rêvé d'elle
Elle était là à mes côtés
Si joyeuse et si belle
Mes nuits devenaient étoilées

Cette nuit j'ai rêvé d'elle
Ses yeux étaient sur moi posés
Diamants bruts d'où ruissellent
Des étoiles d'or d'Amour sucré

Cette nuit j'ai rêvé d'elle
Ses lèvres me couvraient de baisers
De « Je t'aime » goût de miel
De sensations inespérées

Cette nuit j'ai rêvé d'elle
Ses mains venaient me caresser
Parcouraient ma peau telles
Deux douces déesses apprivoisées

Cette nuit j'ai rêvé d'elle
Nos corps étaient entrelacés
Ivresse du septième Ciel
Paradis retrouvé

Cette nuit j'ai rêvé d'elle
Mais le matin m'a réveillé
À l'heure du virtuel
Mon Amour dort à mes côtés...

17/04/2009

Seul

Soir de joie sur cette Terre
Noël est un tison
Qui réconforte les hères
En un doux réveillon

Cette soirée de lumière
Où tristesse et pleurs chôment
Est une trêve qui espère
Le bonheur de nos mômes

Que chacun en profite
Je vous envoie mes vœux
Et mon cœur vous récite
Mes mots les plus heureux

Mes pensées les plus belles
Iront vers mes intimes
Bien que seul pour Noël
Mes rêves seront sublimes...

14/12/2010

Fleur inféconde

Une fleur à panser en m'effleurant seul à penser
En ces mondes rassérène toutes les parts d'immonde
Ondes incertaines nous inondent d'insensé
C'est sûr sang sur les mains et faux sourire de Joconde

Infécondité à méditer et réfléchir une seconde
Se gondent les portes de la justice en traîtresse
Tressant le lien qui détisse les dernières frondes
Ronde des carrés en droiture d'une simple faiblesse

Une fleur éclot perçant le béton issue du bitume
Humeur badine et anodine un insecte la butine
Innée cette sensation que notre Terre part fume
Parfume nos humeurs radines quand on la ratatine

Infécondité et contre nature l'humain en rature
Turlupiné par ce volcan qui n'est autre que son nombril
Ilôt si lointain pour guérir cette béante fracture
Urgence aux pompiers d'éteindre les ego stériles...

06/08/2013

Les mots tendres

J'ai touché du bout des doigts les mots tendres
Les mots les phrases que je venais d'apprendre
Comme ceux qui font tourbillonner la Vie
Mais pourquoi m'ont-ils plongés dans la nuit

J'ai touché du bout des lèvres les mots tendres
Les mots les phrases que je croyais comprendre
Comme ceux qui embellissent les sentiments
Mais pourquoi m'ont-ils usés lentement

J'ai touché du bout des yeux les mots tendres
Les mots les phrases qui font renaître des cendres
Comme ceux qui ne s'avouent qu'avec le cœur
Mais pourquoi m'ont-ils invités par erreur

J'ai touché du bout du cœur les mots tendres
Les mots les phrases qui devaient me défendre
Comme ceux qui sont plus doux que du velours
Mais pourquoi m'ont-ils écœurés de l'Amour...

16/11/2011

Rien

Ni la distance ni les saisons
Ni le gris des murs de prison
Ni les injures ni les questions
De ceux qui me prennent pour un Con

Ni les moments de soumission
Ni les tortures de l'oppression
Ni mes rires en contradiction
Avec mon manque de solutions

Rien ne pourra m'empêcher
Même après tant d'années
Rien ne pourra m'empêcher
De tout vous raconter

Pour le bonheur au bout d'un pont
Pour que mes mots deviennent chansons
Pour que mes remises en question
Prouvent que je ne suis pas si Con

Pour oublier les trahisons
Pour motiver mes ambitions
Pour me redonner des raisons
De croire au bleu de l'horizon

Rien ne pourra m'empêcher
Surtout pas le passé
Rien ne pourra m'empêcher
De dire la vérité...

04/04/2002

Tout

Toutes les lettres raturées que je n'ai pas postées
Tous les messages codés que j'ai dénaturés
Toutes les paroles sans mots que je n'ai pas osées
Tous les appels d'urgence que je n'ai pas lancés

Tous les sanglots de haine que j'ai ensevelis
Toutes les douleurs de rage que j'ai parfois choisies
Toutes les promesses contraintes que je n'ai pas trahies
Tous les morceaux de Vie que je n'ai pas écrits

Tous les mensonges perfides que j'ai dû accepter
Toutes les pensées muettes que je n'ai pas hurlées
Toutes les blessures profondes que j'ai stérilisées
Tous les hurlements sourds que j'ai juste murmurés

Tous les cris de mon âme que je n'ai pas émis
Tous les mots de ma bouche que j'ai trop travestis
Toutes les larmes de mon corps que j'ai en moi enfouies
Et tous les sentiments que je me garde à Vie

Face à ces tout en moi
Je résiste pas à pas
Pour tous ces tout en moi
Je souris au trépas
Malgré ces tout en moi
Je n'abandonne pas
Contre ces tout en moi
Les bras je ne baisse pas...

17/11/2011

L'idéal

Elle promène son chien comme tous les matins
Elle lui parle de tout du temps du destin
Elle lui fait confiance bien plus qu'à un homme
Il n'est pas jaloux l'idéal en somme

Quand elle le caresse même de la main droite
Il en perd haleine et ses yeux miroitent
Car il sait qu'elle l'aime et il lui rend bien
Sans hypocrisie ni projets malsains

Il sait ses horaires et ses habitudes
Le travail constant de ses longues études
Il devine aussi ses peines immuables
Il voudrait pour elle le bonheur durable

Il y a parfois dans le cœur d'un chien
De la gratitude du respect sans fin
La fidélité même dans le chagrin
Plus que dans certains spécimens humains...

03/03/2002

Pour le sourire d'un gosse

Comme c'est triste de voir pleurer ce gosse
Ce gosse sans gîte échoué dans la rue
À moitié nu les mains toujours tendues
Les yeux en larmes dans la froideur atroce

J'ai mal au cœur quand je pense à ce gosse
Qui chaque jour arpente cette avenue
Où circulent de gros bourgeois bien repus
Qui ne pensent qu'à leur fric l'œil féroce

Et ce gosse épuisé à bout de forces
Les voit passer blasés et corrompus
En espérant un geste tant attendu
Qui apaiserait sa faim et ses bosses

Comme c'est triste de voir sangloter ce gosse
Comme il fait mal cet air de déjà vu
Que l'on devrait combattre sans retenue
C'est tellement beau de voir sourire un gosse...

20/04/2008

Tes maux

Dans les méandres de tes maux
On voit très bien se dessiner
Une symphonie belle à pleurer
Que tu nous offres quel beau cadeau

Non ce n'est pas une utopie
Car la plume de ton encrier
M'a fait vibrer et même trembler
Au plus profond elle m'a conquit

Elle a même transporté mon âme
Et dans mes yeux pourtant drainés
Elle a fait monter des marées
De perles salées qui m'enflamment

Sur le papier elle crie tes maux
Elle les transporte vers des ailleurs
Nouvelles contrées là où nos cœurs
Sauront comprendre ton lourd fardeau

On a tous nos douleurs
Chacun a ses séquelles
Les écrire ça fait peur
Mais c'est une bonne nouvelle

On a tous nos malheurs
Chacun à son échelle
Les écrire même en pleurs
Annonce une Vie plus belle...

10/10/2012

Ces simples choses

Pour tes mots merveilleux
Ta joie ta bonne humeur
Ton talent généreux
Ta présence à toutes heures

Pour ton altruisme sincère
Tes poèmes magnifiques
Ton amour de la Terre
Ta bienfaisance magique

Pour tes chefs d'œuvre certains
Ta trop grande modestie
Ton partage quotidien
Et ta souplesse d'esprit

Pour toutes ces simples choses
Tu es quelqu'un d'unique
À qui je voue je l'ose
Un respect authentique

Et tes pseudos lacunes
Tu y crois dur comme fer
Envoie-les sur la Lune
Ou au diable Vauvert

Je te vois qui rougit
Mais prends confiance en toi
Le bonheur de Sophie
Est un plaisir pour moi...

09/04/2009

Un Père de loin

Comme ça fait mal cette injustice
Ce coup du sort qui vous détruit
Terrible douleur grand précipice
Qui me déchire m'anéantit

Comme ça fait mal de vous voir tristes
Votre souffrance pleure sur la mienne
Ça me poignarde et ça persiste
M'arrache le cœur transperce mes veines

Comme ça fait mal de voir tes larmes
De voir ton cœur brisé qui saigne
Ça me ronge jusqu'au fond de l'âme
Me rend malade me noie de peine

Comme ça fait mal de perdre quelqu'un
Un être humain d'une rare bonté
Quelqu'un de cher un Père de loin
Un homme à part et que j'aimais...

02/04/2008

Dis-moi

Crois-tu qu'on peut laisser
Le passé nous briser
Crois-tu qu'on peut rester
Tout seul autant d'années
Crois-tu qu'on peut tourner
La page sans regretter
Crois-tu qu'on peut changer
L'Amour en amitié
Dis-moi ce que tu voies
De l'autre côté du pont
Dis-moi ce que tu croies
Dis-moi si y a du bon

Crois-tu qu'on doit laisser
Le passé nous briser
Crois-tu qu'on doit rester
Tout seul autant d'années
Crois-tu qu'on doit tourner
La page sans regretter
Crois-tu qu'on doit changer
L'Amour en amitié
Dis-moi ce que tu voies
De l'autre côté du pont
Dis-moi ce que tu croies
Dis-moi si y a du bon
Dis-moi ce que tu sais
Dis-moi ce que tu penses
Dis-moi si nos regrets
Méritent une dernière danse...

17/12/2001

Y a trois cœurs

On est las tous les trois
Moi ici elles là-bas
On pense souvent à toi
À nos Vies d'autrefois
On parle toujours de toi
Au parloir à mi-voix
On se rappelle chaque fois
Ton sourire et ta voix
Y a trois cœurs qui t'attendent
Ces trois cœurs te demandent
Y a trois cœurs en sursis
Ces trois cœurs sont meurtris

C'est vrai on a compris
Que tout est bien fini
Mais on n'a pas envie
De croire que tu oublies
Alors on fait comme si
Et les autres on les fuit
Même si c'est interdit
Car on t'aime pour la Vie
Y a trois cœurs qui t'attendent
Ces trois cœurs te demandent
Y a trois âmes et leurs larmes
Ces trois âmes te réclament

Y a trois cœurs
Qui s'écrient
Et qui meurent
Sans ta Vie...

10/09/2001

Notre chemin

En m'avouant tes certitudes
Un beau beau dimanche d'octobre fleuri
Tu as brisé ma solitude
Redonné un sens à ma Vie
Tu as balayé les nuages
Qui dans mon Ciel tourbillonnaient
Tu as gommé tous les naufrages
Que le temps me prédestinait
Aveux magiques et merveilleux
Entre deux cafés qui s'écoulent
Je suis depuis le plus heureux
Des hommes blessés parqués à Toul
Tu as changé mes nuits
En joyeux lendemains
Je suis au Paradis
Dans le creux de tes mains
Tu as laissé sur moi
L'impact du bonheur
J'adore entendre ta voix
Rieuse en forme de cœur
Tu as fait de ma Vie
Une minuterie sans fin
Qui nous a réuni
Ensemble l'autre à l'un
Tu m'as scotché à Vie
Comme les ailes au moulin
Corde d'Amour qui relie
Ton chemin et le mien
Notre chemin...

10/2002-10/2012

Y aura toujours

Et si tu penses que tu n'es rien
Nous te prouverons le contraire
Et peut-être qu'un jour nos chemins
Se croiseront dans la lumière

Et pour qu'ils ne refassent plus qu'un
Nous franchirons les murs austères
Et nous défieront le destin
Pour te retrouver et te plaire

Y aura toujours trois cœurs
Au parloir ou ailleurs
Y aura toujours trois cœurs
Pour guérir tes douleurs

Et si tu doutes de l'avenir
Si le passé te fait pleurer
Nous serons là pour reconstruire
Une nouvelle Vie bien méritée

Et si par chance tu veux vieillir
Avec deux Puces et un fêlé
Nous aurons les mots pour te dire
Que pour toujours on va t'aimer

Y aura toujours trois cœurs
Pour apaiser tes peurs
Y aura toujours trois cœurs
Qui désirent ton bonheur...

16/07/2002

Une larme

Le soir je te devine
La nuit je te respire
Quand les nuages dessinent
Des courbes qui m'inspirent

J'entends ta voix en moi
Qui résonne comme l'écho
D'un temps qui est pour moi
Sans mentir le plus beau

Le vent qui va et vient
M'enlace tout comme tes bras
Me rappelle ton parfum
Tes lèvres posées sur moi

Alors je ferme les yeux
Et je me laisse porter
Par nos souvenirs bleus
Qui reviennent me bercer

Il arrive tant de fois
Que s'évade une larme
De mon âme qui a froid
De mon cœur sous le charme

C'est une larme d'Amour
Pas une larme de tristesse
Car en moi pour toujours
Tu restes ma tendresse...

10/06/1999

Larmes de rouille

De mon pays
La Mer s'est retirée
Irrémédiablement
Je reste figé
Épuisé de mots sans paroles
Qui m'oppressent
Et me dépouillent
Éperdument
Perdu et sans avenir
Soudain je n'ai plus la force
De m'accrocher aux écorces
D'une innocence inconnue
Le froid qui me consume
Me heurte à ce que je suis
D'un miroir le reflet erroné
D'un livre une page déchirée
Particule neurasthénique
Hémorragie mélancolique
Imperfection d'un silence éteint
Toujours toujours le même refrain
La morsure d'une mémoire interdite
Une seconde qui m'est défendue
Comme la foudroyante vérité
Trop de fois mal dévoilée
La violence de l'incertitude
En parfum d'un lendemain révolu
Même quand je prends de l'altitude
Mes larmes de rouille me brouillent la vue...

03/11/2015

Dans le brut de l'abstrait

Dans les économiques
Dans la métaphysique
Dans les trop vieux combats
Je m'en sortirai pas

Au gré des connections
Des millions de questions
Dans la meute aux médias
Je m'en sortirai pas

Entre l'aube et la fin
Dans l'antre de ta main
Dans les jeux de l'étreinte
Dans les maux les complaintes

Dans la contestation
Dans les fausses rebellions
Dans le faux dans le vrai
Dans l'insécurité

Dans la beauté du mal
Dans la beauté du sale
Sous les voiles sous les croix
Je m'en sortirai pas

Dans le noir du venin
Ce qu'on est ce qu'on feint
Dans le bleu de l'absinthe
Chez les Putes chez les saintes

On se donne on se perd
À passer des frontières
À traîner sous l'orage
Un jour vient le naufrage

Entre l'or et la faim
Accrochés à mes reins
Dans le feu de l'étreinte
De nos corps qui s'esquintent

Dans les constellations
Les sodominations
Dans le faux dans le vrai
Dans le brut dans l'abstrait

Au vent des connections
T'as vu comme on nous vend
Par les quatre horizons
T'as vu comme on nous prend

Dans le faux dans le vrai
J'en ai perdu ma voix
Dans le brut de l'abstrait
Je m'en sortirai pas...

29/12/2015

Le divorce

À force de réécrire cette histoire illisible
À force de commencer sans jamais rien finir
À force de regarder mon image invisible
À force de me plaindre au lieu de réagir
À force de faire rimer improbable et possible
À force de m'enfuir pour mieux me revenir
À force de rêver à une paix impossible
À force de me taire pour ne pas faire souffrir

À force d'ignorer vos conseils avertis
À force d'emprisonner mes passions concubines
À force de propager chaque jour mes conneries
À force de cueillir les fleurs par la racine
À force de m'accrocher à la corde de la Vie
À force d'apprivoiser les rumeurs assassines
À force de basculer tout droit vers la folie
À force de m'inspirer des textes de Médine

À force de douter de mes capacités
À force de faire semblant d'être un bon citoyen
À force de m'inventer un monde immaculé
À force de m'insurger contre ces cons d'aryens
À force de supporter ma culpabilité
À force de combattre ce mal qui fait du bien
À force de torturer mon cerveau perforé
À force d'empoisonner votre pain quotidien

À force de confondre réel et virtuel
À force de répéter que les murs nous surveillent
À force de m'évader en mode artificiel
À force de consumer les mégots de la veille

À force de me prendre des râteaux des gamelles
À force d'assassiner le pouvoir de l'oseille
À force de m'échouer comme un bateau sans zèle
À force de croupir à l'ombre du Soleil

À force de panser mes pseudo-sentiments
À force de hurler à voix basse mes silences
À force d'écorcher l'omnipotence du blanc
À force d'immoler mon courage en silence
À force de mépriser l'infection dans mon sang
À force de cracher mon venin sur la chance
À force de repenser au rouge moulin d'avant
À force de vous choquer en toute indifférence

À force de m'abstenir quand j'ai la bonne réponse
À force de critiquer sans me remettre en cause
À force d'insulter les croyances qui dénoncent
À force d'être différent de ce que l'on m'impose
À force de m'amuser face aux coups de semonce
À force de museler ma bouche qui overdose
À force de marcher nu dans des bouquets de ronces
À force de préférer les épines à la rose

À force de propager mon image de fêlé
À force de batailler contre la Marseillaise
À force de trop vouloir croire en la liberté
À force de m'abreuver des paroles de Saez
À force de trinquer aux amitiés truquées
À force de m'approcher des rives du Père Lachaise
À force de parier sans jamais rien gagner
À force de marteler que votre église vous baise

À force de déverser du poison dans mes mots
À force de me tromper même quand j'ai mes raisons
À force de retenir les larmes de mes sanglots
À force d'affronter l'araignée au plafond
À force de scier de mes rêves les barreaux
À force de gravir les marches à reculons
À force de respecter l'être humain par défaut
À force d'imaginer l'autre côté du pont

À force de me cacher sous le masque de l'humour
À force de camoufler mes blessures antérieures
À force de m'endormir quand la nuit se fait jour
À force de murmurer à voix haute mes douleurs
À force d'échapper à la Mort qui accourt
À force de voir le pire dans les yeux du meilleur
À force de cultiver les mirages de l'Amour
À force d'oublier mes morceaux de bonheur

À force de m'acharner contre un sort qui m'accable
À force de me soumettre au joug dictatorial
À force de réciter que rien n'est équitable
À force de n'être que moi sans pudeur ni morale
À force de présumer que l'on est tous capables
À force d'abuser de substances illégales
À force de songer à ce mal incurable
À force de survivre sous perfusion sociale

À force de parler de ma vie amputée
À force de réfréner mes élans populaires
À force de guérir mais sans cicatriser
À force d'être soigné par des vétérinaires

À force de me mentir en toute sincérité
À force de me noyer en vin au fond des verres
À force de conjuguer mon futur au passé
À force d'enterrer la hache de naguère

À force d'éviter mon reflet dans la glace
À force de m'enivrer de fictions utopiques
À force de sourire en forme de grimace
À force d'entretenir mes défauts empathiques
À force de slalomer au milieu des crevasses
À force de nier mes tocs apodictiques
À force d'escalader les murs du temps qui passe
À force d'assumer mon parcours atypique

À force de respirer l'air malsain qu'on pollue
À force d'appréhender l'instant avant la chute
À force de m'échouer sous les coups de massue
À force de vomir sur tous ces fils de brutes
À force de prêter au risque de moins-value
À force de me maudire quand je cesse la lutte
À force de me convaincre qu'il n'y a pas d'issue
À force de tout gâcher quand je suis proche du but

À force de spéculer à m'en broyer le crâne
À force de m'épuiser dans des mea-culpa
À force de jalouser les chansons de Goldman
À force de m'enfoncer dans la paranoïa
À force de patienter comme pour un don d'organe
À force de m'accepter même si je ne m'aime pas
À force d'accuser les pointeurs en soutane
À force de me ruer dans le vide de tes bras

À force d'insinuer que l'Enfer est un choix
À force de balancer des pavés dans la marre
À force de me méfier comme un chien aux abois
À force de militer sans tambour ni fanfare
À force de me forcer à ne plus croire en moi
À force de recompter tous les trains qui m'égarent
À force de souffrir du manque de ta joie
Et à force d'espérer malgré qu'il soit trop tard

L'itinéraire se corse
Je peux l'écrire en morse
Même si je bombe le torse
C'est le vide sous l'écorce

Mes faiblesses se renforcent
Et ma Vie désamorcent
Je suis à bout d'à force
Et du monde je divorce...

23/02/2012

L'encrier

Il y a du sang dans l'encrier
Là où ma plume va se noyer
Car contre le fléau des maux
Pour plus de poids j'écorche les mots
Que saignent les phrases sur le papier
Qu'importe c'est la sève des martyrs
Que pleurent les lignes ensanglantées
Qu'importe si elles témoignent du pire
Il y a du feu dans l'encrier
Là où ma plume va se brûler
Je me consume à cause des maux
Pour le crier j'enflamme les mots
Que brûlent les yeux des incrédules
Qu'importe ils payent leur ignorance
Que nos souffrances ils accumulent
Qu'importe ils vivent d'indifférence
Il y a du vide dans l'encrier
Là où ma plume va s'assécher
Pour ne pas dénoncer les maux
Ils ont tout fait pour taire mes mots
Que se brisent mes ongles sur les murs
Qu'importe je dois laisser une trace
Que mon cadavre soit injure
Qu'importe la Mort a de la grâce
Il y a mon sang dans l'encrier
Ma plume ne doit pas s'arrêter
Par ma Vie je payerai les mots
S'il le faut pour vaincre les maux
Que se vident mes veines mes artères
Qu'importe bien d'autres sont tombés
Si la paix gagne un jour la guerre
Mes mots pourront cesser de saigner...

10/12/2001

Dans mes nuits sans sommeil

Dans mes nuits sans sommeil
Je vais vous raconter
On y voit le Soleil
Par la Lune caché
Se battant malgré tout
Dans un ultime espoir
Pour éloigner la boue
De son destin blafard

Dans mes nuits sans sommeil
Il y a des oiseaux
Comme nuls autres pareils
Les plumes sur les os
Ne sachant plus voler
À cause de l'oubli
Dont leurs yeux sont voilés
Et leurs cœurs envahis

Dans mes nuits sans sommeil
Oui même la Mer a peur
De ces vagues vermeilles
Ressemblant à des pleurs
Qui jaillissent en son sein
Des automnes aux printemps
Des équipages malsains
Qui voguent au fil du temps

Dans mes nuits sans sommeil
La Terre est une tombe
La Vie est une très vieille
Et morne catacombe
Dont toutes les contrées
Sont parsemées d'horreurs
Et de vents éthérés
Qui étouffent nos fleurs

Dans mes nuits sans sommeil
Je vois bien assez clair
Pour sonner le réveil
La foudre et les éclairs
De chacun d'entre-nous
Pour enfin redonner
À nos âmes si floues
Tout le bonheur d'aimer...

16/04/2013

Une main dans mon chaos

Je reprends le combat
Pour sortir du chaos
Avant que sonne le glas
Avant que vienne la Faux
Sur le ring de la Vie
L'adversaire est costaud
Quand le gong retentit
Je contracte mes abdos
Mais les coups sont multiples
Dans les cordes je rougis
Et j'en reprends le triple
Puis soudain c'est la nuit
Le sol me glace le dos
Je ne m'en rends pas compte
K.O. dans mon chaos
L'arbitre fait le décompte
À un j'ouvre les yeux
À deux ma vue se brouille
À trois j'ai mal au corps
À quatre je suis à bout
À cinq j'entends la foule
À six je force un peu
À sept je m'agenouille
À huit je pousse très fort
À neuf je suis debout
Et à dix je m'écroule
Le combat est fini l'avenir est néant
Une nouvelle fois ma Vie est un charnier géant
D'où l'on ne s'évade pas d'où l'on ne revient pas
Sans le signe indulgent d'une main qui se tend...

29/03/2013

Le temps

Le temps a labouré mon cœur
Pour y semer de la grisaille
Il a aiguisé ses cisailles
Pour couper trancher sans douceur
Je regarde ce qu'il me reste
Des souvenirs des gestes éteints
Des fleurs fanées dans mon jardin
Les émotions que je déteste
Il pleure des étoiles
Aussi vraies que des songes
Des Soleils qui se voilent
Dans les yeux du mensonge
Il pleure des silences
Des éclats et des ombres
Noyés dans les absences
Enfouis sous les décombres
Le temps a labouré ma Vie
En m'enfermant dans cette prison
Et comme les sanglots des violons
Il blesse mon cœur et ses envies
Je regarde ce que je déteste
Dans l'indifférence le mépris
Mais malgré tout je suis en vie
Le temps pour moi fera le reste
Souriront les étoiles
Sans le moindre mensonge
Le Soleil sans son voile
Ne sera plus un songe
Il y aura des silences
Éclatant toutes les ombres
Pour toujours les absences
Erreront dans la pénombre...

28/08/2002

Comme fer

Un mot simple mot sans investiture
Posé ici assis là sur un banc
Sifflotement de l'esprit qui perdure
Seule orée belle d'un nouveau sentiment

Une étoile simple étoile sans trop d'allure
Cerveau lent délaissé brinquebalant
À l'allant de sa propre conjoncture
Omettant que souvent ce monde nous ment

Un geste simple geste leste sans parjure
Vers ceux qui n'ont plus depuis trop longtemps
Que leurs yeux vides et dépouillés c'est sûr
Pour constater notre humanisme néant

Une idée simple idée claire sans torture
D'un monde meilleur comme en d'autres printemps
Balbutiements à la porte d'un futur
Négligeant la puanteur de l'argent

Un cœur simple cœur sans la moindre structure
Vogue au grès d'un vague utopisme pensant
Qui accroît son rêve puisqu'il y croit dur
Comme fer armé du béton des ciments...

16/08/2013

Sollicitation

Je ne suis qu'un parmi la foule
Un brin dans l'herbe du printemps
Une goutte de pluie dans l'eau qui coule
Un instant dans tous les instants

Une ombre que le soir efface
Une voix étouffée par les voix
Une empreinte au milieu des traces
Une voie sans issue qui se noie

Une silhouette petite et frêle
Un loup qui suit les autres loups
Un homme dont les larmes se mêlent
Au sang qui s'écoule sous les coups

Un grain de poussière ou de cendre
Emporté dans un tourbillon
Qui le fait monter ou descendre
L'éclairant parfois d'un rayon

Mais bien que n'étant que parcelle
De cet infiniment petit
Dans cette ronde universelle
Un rêve immense me conduit

Puisqu'au-delà des apparences
De mes nuits plus belles que vos jours
De mes échecs sans cohérence
Je sollicite encore l'Amour...

15/05/2013

Le Nord et l'Est

Et quand le Nord et l'Est
Se rencontrent à l'ouest
Le Nord ressuscite l'Est
Et l'Est est à l'ouest

Et quand le Nord et l'Est
Se promènent à l'ouest
Le Nord rayonne sur l'Est
Et l'Est rêve à l'ouest

Et quand le Nord et l'Est
Se comprennent à l'ouest
Le Nord bascule à l'Est
Et l'Est en perd l'ouest

Et quand le Nord et l'Est
Se séduisent à l'ouest
Le Nord rend guedin l'Est
Et l'Est l'aime à l'ouest

Et quand le Nord et l'Est
Se partagent à l'ouest
Le Nord s'endort à l'Est
Et l'Est kiffe à l'ouest

Et quand le Nord et l'Est
Se réveillent à l'ouest
Le Nord aime tout de l'Est
Et l'Est rêve de Nord-Est...

24/08/2013

Guérison

J'aime quand tu me dis oui
J'aime quand tu me dis non
J'aime comme tu éclaires mes nuits
J'aime comme tu me corresponds

J'aime quand tu me souris
J'aime quand tu me détestes
J'aime comme tu transformes ma Vie
J'aime comme tu fais les bons gestes

J'aime quand tu dis « Fait chier »
J'aime quand tu dis « D'accord »
J'aime comme tu me fais vibrer
J'aime comme tu es mon Nord

J'aime quand tu es Thelma
J'aime quand t'allumes mon feu
J'aime comme tu m'emmènes là-bas
J'aime comme tu m'embrasses des yeux

J'aime quand tu n'as pas peur
J'aime quand tu es chaleur
J'aime comme tu fais mon bonheur
J'aime comme tu guéris mon cœur...

13/08/2013

Mes ailes

L'arôme de ton parfum
Quand tu es près de moi
Me rappelle un parfum
Qui est d'Eden je crois

La chaleur des paroles
Que ta bouche articule
Et comme une farandole
Qui tout en moi stimule

Et tes yeux fabuleux
Brillants comme des paillettes
Me passent si malicieux
Au travers de la tête

Quand mon regard se perd
Sur ta douce silhouette
Seul reste le mystère
De tes pensées secrètes

Fascinante et si belle
Nul besoin d'être devin
Pour voir que tu es celle
Qui éclaire mon chemin

Le charme que tu diffuses
Ton charisme naturel
Ouais fonds de toi ma Muse
Mon âme sœur et mes ailes...

04/09/2013

Nos tendres passions

Encerclé par les eaux de mes vifs sentiments
Mon cœur n'est plus qu'un havre où s'endort lentement
La pensée rassurée qui me fait croire enfin
Que j'ai gravé ma Vie en ton âme en ton sein

Et pour que brillent nos nuits éclairées par tes feux
Ceux-là mêmes qui luisent à l'étang de mes yeux
Nous iront tous les deux partager nos espaces
Et danser dans le bal des étoiles en surface

Et pour que brillent nos jours éclairés par tes yeux
Ceux-là mêmes qui luisent à rallumer mon feu
Nous irons enlacés plus loin que les surfaces
Mélanger nos étoiles dans le bal de l'espace

Tel des lys éternels parsemant tous nos rêves
J'imagine notre Amour se prolongeant sans trêve
Et dans le tourbillon du bonheur nous serons
Emportés par les flots de nos tendres passions...

16/08/2013

C'est l'été

Il fait froid mais j'ai chaud car ton Amour m'enflamme
C'est l'été dans mon cœur dans mon corps dans mon âme
Les mots que tu me dis sont millions de Soleils
Mon sang coule à nouveau je renais me réveille

Il fait gris et pourtant les couleurs sont en moi
Autour tout a changé sublimé par ta joie
Le doré de ta peau illumine la mienne
Adieu jours de tempête arcs-en-ciel sur mes peines

C'est la nuit et je vois une lumière dans le noir
Chaque seconde dans tes bras me redonne l'espoir
D'oublier les tourments les sanglots les chagrins
Je me laisse guider j'ai confiance en ta main

C'est la guerre dans le monde j'ai trouvé une colombe
Il peut tomber partout le mal avec ses bombes
Rien ne nous arrivera protégés par l'Amour
Toi et moi enlacés le Paradis autour...

23/08/2013

La Vie sans toi

La Vie sans toi c'est comme
Un vélo sans ses roues
Une vis sans son écrou
Comme les bleus sans Zizou
La Vie sans toi c'est comme
Une cheminée sans feu
Un coupable sans aveux
Comme un fast sans furieux
La Vie sans toi c'est comme
Aujourd'hui sans demain
Les vendanges sans raisin
Comme parier sans instinct
La Vie sans toi c'est comme
Un discours sans paroles
Une manif sans banderoles
Comme une cuite sans alcool
La Vie sans toi c'est comme
Un curé sans église
Un cadeau sans surprise
Comme Thelma sans Louise
La Vie sans toi c'est comme
Le travail sans vacances
Un mariage sans alliance
Comme s'aimer sans confiance

La Vie sans toi
À cause de moi
La Vie sans toi
S'abat sur moi...

18/11/2015

Puisque s'aimer

Entre le marteau et la thune
Entre la roue et l'infortune
Entre le triste et les trottoirs
Entre le vin et l'illusoire

Entre le printemps et l'hiver
Entre l'été et puis l'Enfer
Entre les fêtes et les défaites
Entre les temps et les tempêtes

Entre le bourdon et le miel
Entre Bisca et puis tes ailes
Entre le sable et l'éphémère
Entre mes mots qui t'indiffèrent

Entre nos corps entre nos cœurs
Entre ton rire et puis mes pleurs
Entre tes chats blancs mes chats noirs
Entre nos verres et les comptoirs

Entre l'ivresse et les sanglots
Entre les caresses et les crocs
Entre les piercing et la rue
Entre l'Amour et l'ambiguë

Entre le manque de toi ma drogue
Entre nos futiles monologues
Entre nos joies entre nos cris
Entre nos Vies et l'Infini

Entre l'Océan et la plage
Entre ma plume et puis ma rage
Entre les coups entre les clous
Entre les fous puis entre Nous

Entre nous Deux entre les feux
Entre mes non-dits et tes yeux
Entre les « Je t'aime » et tes mots
Entre le vide de nos anneaux

Ici c'est le règne des choses
À bouffer jusqu'à l'overdose
Ici c'est sûr on n'est pas quitte
Puisque s'aimer est parasite

Ici c'est le règne du vent
À bouffer même quand l'autre ment
Ici c'est sûr Toi tu me quittes
Puisque s'aimer est hypocrite...

30/12/2015

Peace

20000 jeunes soldats sous la Terre
Et rien n'a changé en surface
Les bottes sonnent comme elles résonnèrent
Sous les pavés de la menace

Y a pas assez de sang impur
Au point d'abreuver les sillons
Mais y a des hommes nés de l'obscure
Qui aiment former des bataillons

De toute façon la tyrannie
Est toujours de ceux qui s'en sortent
L'ennemi n'est pas de sa patrie
Et l'étendard la Mort le porte

Y a pas de féroces soldats
Ni dans nos campagnes ni ailleurs
Y a que des mômes qui marchent au pas
Avec derrière leurs Mères qui pleurent

Aux larmes de toutes ces citoyennes
Ne formez plus vos bataillons
Laissez le pavot la luzerne
S'abreuver dans tous les sillons

20000 jeunes soldats sous la Terre
Et les moutons ont l'âme en fête
20000 jeunes soldats sous la Terre
Comme une conne l'histoire se répète...

07/12/2015

Servile liberté

Lorsque le vide se perd au-delà des échos
Bien au-delà des mots de la sphère du silence
Lorsque la voix s'étreint exaspérant les maux
Faut-il vraiment combattre le pervers des souffrances

Dans la recherche naïve de l'instant vérité
Comment faire pour puiser à la source de nos âmes
La triste métamorphose d'une pseudo-liberté
Quand esprit et raison subissent les amalgames

Toi servile liberté sans unité de temps
Consciente et malheureuse en négation du monde
Vas-tu créer ainsi un être transcendant
Quand s'approche la Mort en suite nauséabonde

Lorsque s'arrêtera l'heure au-delà du temps
Comment briser ces liens de tortures surabondes
Afin de s'endormir lentement patiemment
Pour rejoindre l'Infini aux vibrations fécondes

Sans toi mon Oxygène je ne peux respirer
Et ton espoir malsain m'inonde de migraines
Qui me font croire encore qu'existe toujours Aimer
Alors que dans mon cœur Amour rime avec haine...

09/12/2015

Tant

Malgré mon cœur qui saigne
Et ne cicatrises pas
Malgré ces jours de peine
Qui détruisent tout en moi

Malgré toutes mes erreurs
Mon chagrin mon dépit
Malgré ma Vie d'horreur
De tristesse infinie

Malgré tous mes pourquoi
Qui restent sans réponse
Malgré mes mauvais choix
Et le vide qui s'annonce

Malgré ma contagion
Et mon sale caractère
Malgré moi pauvre Con
Orphelin en Enfer

**« Tu me manques
Si tu savais
Tu me manques
Tant... »**

18/11/2015

Les sourires

Le sourire triste de la Joconde
Est comme un long message d'Amour
Réalité que l'on féconde
En passion naissante qui accourt

Le sourire quand tombe la neige
Horizon blanc et velouté
Tourbillonne en un doux manège
Orné de virtualité

Le sourire face à une page blanche
Et la liberté du papier
Où les mots comme d'une branche
Fleurissent en vers de huit pieds

C'est le sourire de ce poème
Qui me fait vivre ce que je crois
Pour récolter ce que je sème
Quand la neige tombe de mes doigts

Le sourire radieux de la Muse
Peut sortir le sombre poète
De cette situation confuse
Et lui remettre le cœur en fête...

08/12/2015

Je mure

Je mure toutes les entrées
De mon âme à mon cœur
Par du béton armé
Armé de mes douleurs

Ma Vie s'est arrêtée
J'ai perdu mon Amour
Plus personne à aimer
Disparus les beaux jours

Je mure toutes les entrées
Bloque les issues de secours
Auto-camisolé
C'est le compte à rebours

Et mon cœur mutilé
J'en ai fait un autel
Où s'empilent décédées
Mes pensées les plus belles

Je mure toutes les entrées
Les portes et les fenêtres
Et ainsi protégé
Rien ne pourra paraître...

24/11/2015

Ma façon

Un chien hurle à la Mort on dirait une prière
J'entends son cri qui monte et fait trembler la Terre
J'entends sa plainte aiguë qui traverse les Cieux
C'est peut-être sa façon de s'adresser à dieu

Il est devant sa niche et il tire sur ses chaînes
Pour respirer l'air doux et se dire que les chiennes
Ne seront plus jamais aussi belles qu'aujourd'hui
À la Mort à l'Amour il sanglote dans la nuit

« Mais qu'a donc ce cabot » dit la Reine qui s'éveille
« Qu'a-t-il donc ce bâtard qui nous casse les oreilles
Il ne sert plus à rien et il mérite la Mort
Demain nous l'abattrons » et Cersei se rendort

Chien mon Ami dans ta langue n'es-tu pas poète
Et n'est-ce pas ta chanson que chaque jour je répète
Pardonne-moi ouais pardonne-moi d'être jaloux
De ne pouvoir comme toi hurler avec les loups

J'ai fait de mauvais choix mais pour de bonnes raisons
Ça m'empêche d'oublier à quel point je suis Con
Et quand je lève un doigt en regardant les Cieux
C'est sûrement ma façon de m'adresser à dieu...

13/12/2015

Sur le toit

Les morceaux de bonheur
Qui éclairent mon voyage
Les rires de mes pleurs
Les phares de mes orages

Battements de paupières
Qui me comblent de Vie
Soleils de mes hivers
Et lumières de mes nuits

Les sourires de mes peurs
Qui réaniment mes jours
La joie dans mes malheurs
L'ivresse de mes toujours

Espoirs de mes demain
Qui me rendent sociables
Deux cœurs sur mon chemin
Duo indissociable

Vous serrez toujours là
Au centre de ma ronde
Malgré les aléas
Sur le toit de mon monde…

13/12/2011

Il y a

Il y a des journées et des nuits difficiles
Sous des murs de souffrance qui semblent insurmontables
Où je pleure violemment le cœur inconsolable
Où ma Vie inutile ne tient plus qu'à un fil

Il y a des semaines de douleurs insensées
De déplacements vides où l'espoir se suicide
Des heures sans respirer dans un cercueil sordide
Et des minutes brûlantes au point de m'immoler

Il y a le malheur qui me regarde en face
Il a mes souvenirs dans ses mains de cristal
Il a mon avenir dans ses yeux de métal
Et son sourire me toise comme la pire des menaces

Puis il y a la Mort tu le sais mon Amour
On n'oublie jamais rien même les mots sans visages
Qui ondulent joyeusement jusqu'au dernier rivage
Il y a Ta lumière dans mon ombre pour toujours...

29/11/2015

Sous la Lune

Mes yeux inondent la plaine tant leur Amour est grand
Certains disent que parfois des pierres coule du sang
C'est le mien mon Amour et c'est pour toi qu'il coule
Qu'il coulera toujours de mes yeux en torrents
Parfois tu verras Lune éclairer les baisers
De celui que tu aimes ouais que tu croies aimer
Il sera dans tes bras et moi je serai là
Là comme un loup blessé qu'on croit inanimé
Mais qui se bat encore car l'Amour c'est la Mort
Et t'aimer c'est saigner saigner de tout son corps
Oui l'Amour c'est la Mort et toi ça te fait rire
De voir qu'il n'en est qu'un qui pourra s'en sortir
Dans ma triste complainte j'imagine soudain
Que tu passes par là que tu me prends la main
Pour danser sous la Lune en souvenir du temps
Où nous étions mariés où nous étions amants
Mais il n'y a que moi seul avec mes sanglots
Et la Lune se moque de mon triste solo
Car l'Amour c'est la Mort et t'aimer c'est mourir
Mourir de tout son corps ouais l'Amour c'est la Mort
Et toi ça te fait rire comme un empereur triste
Qui voyant son empire se dit qu'il n'a plus rien à conquérir
Tu sais j'ai fait le deuil de nous deux et de toi
Puisque nous deux c'est Mort le pauvre Con c'est moi
Dans ma main ce couteau cette entaille au poignet
Ressemble à ton sourire qui me dit qu'il faut partir
Je ne sens plus mon être et la douleur s'endort
Merci mon Assassine libère-moi de moi
Je danse avec l'Amour je danse avec la Mort
Et je crie à la nuit s'il te plaît achève-moi
Je danse avec l'Amour je danse avec la Mort
Et je crie à la nuit s'il te plaît délivre-moi...

25/12/2015

Pourtant

Oui je me trompe toujours de train ou de chemin
Mes erreurs aux carrefours me mènent droit au déclin
Oui je m'invente toujours des histoires sans demain
Je garnis mon parcours de délires saeziens

Oui je déçois toujours ceux qui me veulent du bien
Comme si de leur Amour je n'avais pas besoin
Oui je me plains toujours je m'apitoie sans fin
Sans la moindre bravoure je calimère pour rien

Oui je m'obstine toujours comme un sombre crétin
Têtu comme un âne sourd sans raison je soutiens
Oui je détruis toujours pour reconstruire en vain
Sur les ruines de l'Amour je sème du mauvais grain

Oui je me tais toujours mais je n'en pense pas moins
Muet face aux discours j'ai tort à mille contre un
Oui je m'enfuis toujours et jamais ne reviens
L'aller est sans retour quand le bocal est plein

Pourtant j'écris toujours
Mes rêves au quotidien
Je partage au grand jour
Mon égoïsme certain

Pourtant j'essaie toujours
D'être à peu près humain
Pourtant je vis toujours
N'en déplaise à certains...

28/03/2013

J'aurais aimé

J'aurais aimé t'offrir des bouquets de plaisir
T'ouvrir d'autres horizons partir à l'aventure
Et partager sans trêve sans barreaux à nos rires
Des morceaux de bonheur et panser tes blessures

J'aurais aimé briller pour aveugler tes peurs
T'emmener vers le beau vers l'ivresse de la Vie
Et danser avec toi oublier nos malheurs
Tourner dans la lumière vibrer à l'Infini

J'aurais aimé te dire les mots de mes poèmes
Au lieu de les écrire à l'encre de mes regrets
Et te les réciter sur l'air de la «Bohème»
Laisser mon cœur parler sans le moindre secret

J'aurais aimé t'aimer comme ceux qui s'aiment d'Amour
Comme ceux qui chaque jour se croient inséparables
Ceux qui s'aiment pour de vrai comme on s'aime pour toujours
J'aurais tellement aimé...Aimé être capable...

«Mais c'est plus fort que moi
Tu vois je n'y peux rien
Ce Monde n'est pas pour moi
Ce Monde n'est pas le mien...»

19/11/2015

Liste de textes